Horst Utke • Apokapitalypse

Horst Utke
Apokapitalypse
Edition AVRA
Gedichte

Bibliografische Information der Deutschen Nationalbibliothek
Die Deutsche Nationalbibliothek verzeichnet diese Publikation in der Deutschen Nationalbibliografie; detaillierte bibliografische Daten sind im Internet über http://dnb.d-nb.de abrufbar.

Eine Marke der Frieling & Huffmann GmbH & Co. KG
Rheinstraße 46, 12161 Berlin
Telefon: 0 30 / 76 69 99-0
www.frieling.de
ISBN (Print): 978-3-8280-3604-8
1. Auflage 2021
Umschlaggestaltung & Illustrationen : Samis Phelan

Printed in Germany

Inhalt

Fehlschnitt

Es war einmal ein Garten Eden,
in dem gab es Früchte und Wärme für jeden,
man wandelte dort völlig nackt
und scheute keinen Hautkontakt.

Die Neugier nach Erkenntnis war der Trieb,
dass davon kaum noch etwas blieb.
Es hätte vieles besser sich entwickelt,
doch dieser Trieb wurde gestückelt.

Aus der Erkenntnis wurde bald Profit
weil man der Neugier dann das „Neu“ abschnitt.
Seitdem ließ sich rein gar nichts finden,
die Gier fest an das Neu zu binden.

Sie sägte ständig an dem Ast,
der einst als Leben froh getrieben,
so ist bis heute vielen fast
zum Leben nicht sehr viel geblieben.

Spätfolgen

Das Kapital und organisches Leben
haben beide das gleiche Bestreben,
sich mehr als zu reproduzieren,
um weiter zu existieren
auf dieser Insel im All
und das ganz global.

Ein Teil der Menschen jedoch denkt
noch immer national beschränkt,
fixiert auf liberal und auf privat
gegen alles was irgendwie riecht nach Staat.
Geschichtlich gesehen zeigte sich dann,
dass Kapital Leben vernichten kann.

Die Geschichte der Menschheit ist damit gespickt,
dass ein Volk ein anderes unterdrückt.
Das fiel schon den alten Ägyptern aufs Bein,
denn es stellten sich zahlreiche Plagen ein.
Die Viren in den heutigen Tagen
sind vielleicht Nachzügler biblischer Plagen
weil Covid-19 verheerend grassiert,
wo Gesundheitsschutz voll privatisiert.

Apokapitalypse

Die Gier nach Profit, als Antrieb zum Handeln,
wird die Menschen irgendwann so verwandeln,
dass Ethik, Moral und Mitgefühl
verkommen für das einzige Ziel,
das global dann beherrscht die ganze Welt:
Wie komme ICH möglichst schnell zu GELD?

Skrupellos und kriminell agil
erreichen viele sehr schnell dieses Ziel.
Beispiele dafür gibt es genug
selbst Juristen helfen bei diesem Betrug:
Panama, Lux Leak, Cum Ex, Paradise,
liefen sich schon in den Medien heiß.
Zur Verantwortung wurde keiner gezogen,
zu krumm wurde dabei das Recht verbogen.

Seit Jahrhunderten finden viele dies prima,
sie erwärmen sich daran und auch das Klima.
Doch irgendwann, vielleicht schon sehr bald,
ist das menschliche Klima dann eiskalt,
dehnt sich wie Eis, zerbricht, zersplittert,
nur Hass wird noch in die Welt getwittert.

An vorderster Stelle, ganz exzellent
marschiert ein mächtiger Präsident.
Per Dekret will er den Zuzug verändern
für alle Menschen aus „Reckslochländern“.
Sät ständig Zwietracht und denkt nicht weiter,
inszeniert sich als apokalyptischer Reiter.

Deren Pferde sind fast schon lahmgeritten,
weiß, feuerrot, schwarz und fahl,
dem letzten zu oft schon die Hufe beschnitten,
es hinkt und schwankt schon fatal.
Irgendwann, irgendwann, vielleicht schon bald,
ist das letzte Siegel dann offen
für die Großen und Reichen wird es eiskalt,
sie haben nichts mehr zu hoffen.

Siehe: Bibel, Offenbarung des Johannes 6, 7, 8.

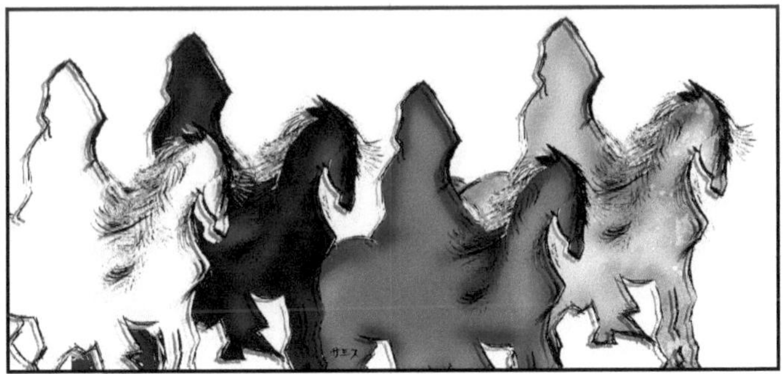

Regeln

Keine Gemeinschaft lebt lange in Frieden
mit zu viel gravierenden Unterschieden.
Vor Jahrtausenden wurde dies schon erkannt
und durch Schriften in eherne Regeln gebrannt,
die alle dann zu befolgen hätten,
um Unterschiede friedlich zu glätten.

Keine dieser uralten Schriften,
ob Veden, die Bibel oder Koran,
konnte auf Erden Frieden stiften,
sie scheiterten schmählich bis heute daran.

Modernere Schriften wollten erreichen,
den Unterschied zwischen Armen und Reichen,
wissenschaftlich exakt zu beheben, –
es war nicht von Dauer und ging bald daneben.

Durch Regeln, Schriften oder sonstige Lehren,
ließ sich noch nie die Menschheit bekehren,
selbst die bürgerlichen Gesetzesregeln,
sucht jeder zum Vorteil für sich zu umsegeln.

Regeln, obwohl nur zum Guten erdacht,
benutzte man immer als Sprungbrett zur Macht.
Das Edle, Humane in Regel und Schrift
wirkt für den Rest meistens als Gift,
nur der große innere Schweinehund
ist resistent, bleibt fidel und gesund.

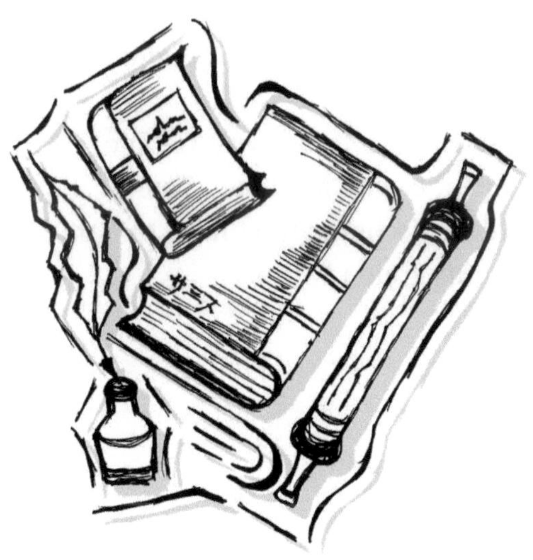

Götterdämmerung

Schon lange ist es einsam in dem Götterhimmel. –
Was war das früher doch für ein Gewimmel,
wenn Götter der Ägypter, Inder, Griechen und Germanen
zu ihren Sonnenfesten kamen.

Da gab es zu den Menschen noch Kontakt
und auch nicht selten einen sexuellen Akt,
der Umgang mit den Menschen war intakt,
nicht nur abstrakt.

Jetzt ist es oben ziemlich leer. –
Nur Brahma, Gott und Allah, – kaum was mehr.
Sie schweben weit entfernt im Weltenall
und aus der Erde wurde bald ein Augiasstall.

Die diktatorisch einst erlassenen Gebote
zündeten nicht, es gab Millionen Tote.
Und auch die zwischenmenschliche Moral
befindet sich im freien Fall.

Die Worte in den Schriften zu den Reichen,
sich mit den Armen auszugleichen,
ließen sehr wenig Herzen nur erweichen. –
Am liebsten wäre jenen, sie zu streichen.

Die Götter sollten sich zusammensetzen,
zu neuen Regeln sich vernetzen,
nicht nach dem Motto nur mein Wille „first“,
sondern das Wohlsein aller Menschen sei zuerst.

Und Herakles herab dann delegieren,
um mit den Menschen eisern zu trainieren,
denn blieb die Menschheit auf sich selbst gestellt,
wär dieses Regelwerk auch bald an ihrer Gier zerschellt.

Homo Deus

Weil Zeus, der Göttervater, wusste, –
das, was Prometheus hat getan,
dem Götterhimmel Unheil bringen musste,
schmiedete er ihn an den Felsen an.

Denn es war ihm nicht ganz geheuer,
was wohl aus homo sapiens könnte werden. –
Der hatte von Prometheus nun das Feuer
und spielte damit rum auf Erden.

Und sieh, es dauerte nicht lange,
da machte er aus Erz Metall,
schmiedete Schwerter und manch Lanzenstange,
schlug Köpfe ein auf seinem Erdenball.

Damit er möglichst viele davon schaffe, –
sein liebster Zeitvertreib war Kampf –,
erfand er bald die Feuerwaffe
und Kraftmaschinen mittels Dampf.

Sein Feuereifer, nicht zu halten,
bald baute er auch noch Raketen
und ließ selbst die Atome spalten
als Optimum zum Massentöten.

Das brachte homo sapiens schwer in Nöten,
er trifft sich selbst, will er die andren töten.
Sein Körper ist zu schwach, er muss ihn optimieren,
bei nuklearer Strahlung noch zu funktionieren.

Für die Gelenke und Organe
hat er zum größten Teil auch schon Ersatz.
Und sie gehorchen seiner Geistesfahne,
wenn auch nicht ganz so flink, wie Maus und Katz.

Nur noch den Geist als Hirncomputer programmieren,
dann ist der homo deus fast perfekt.
Er kann im Himmel rumspazieren
zu Zeus, der sich vor ihm versteckt.

Der größte Teil von homo sapiens, der bleibt hier,
er kann die Optimierung nicht bezahlen.
Für homo deus ist er eine Art von Tier,
so steht es später dann in den Annalen.

Siehe: Y. N. Harari, „Homo Deus".

Der Untergang der Liebe

Liebe ist, mit Freude zu schenken,
ohne sofort daran zu denken,
dass das, was Beschenkte dankend genommen
in Kürze auch wieder zurück wird kommen.

Solch ein Verhalten hätte schon Flair,
liefe dem von heute aber konträr,
denn jeder, der etwas investiert,
hofft, dass es sich entsprechend rentiert.

Weil nach diesem Prinzip die Wirtschaft floriert
hat es sich in den Menschen manifestiert.
Viele Ehen werden oft nur geschlossen,
wenn alles vorher in Verträge gegossen.

Das Hochgefühl, das man dann registriert,
ist Eigenliebe, Liebe konterkariert.
Dieses fundamentale Gesellschaftsprinzip
hat zur Folge, bald hat sich keiner mehr lieb.

Nur in Katastrophenfällen
lässt sich statistisch noch feststellen,
dass Menschen helfend reagieren,
ohne davon zu profitieren.

Handel und Wandel

Handel nach neudeutschem Motto „win win“,
erscheint a priori gerecht und macht Sinn.
Der Handel als solcher hat Tradition,
sein Motto oft eine andre Version.

Zeitweilig sagte man einfach dafür,
„so wie du mir, so ich auch dir“.
Doch das war gefährlich, ging etwas schief,
wurde man ziemlich schnell aggressiv.
Da es um Geld ging, sah man bald rot
und schlug aus Versehen den anderen tot.

Man suchte nach einem neuen Bonmot
und war über „die Hand, die die andre wäscht“ froh.
Das klang so sauber, ehrlich und leicht
und verzauberte Scheine, die verdeckt überreicht.
Doch irgendwann wurden auch diese entdeckt,
obgleich sie in anderen Ländern versteckt.

Auch dieses Motto war damit hin,
ab jetzt lief der Handel nur nach „win win“.
Die Logik des Mottos leuchtet schnell ein,
Vorteil für alle, nicht für einen allein.
Betrachtet man heute den Wohlstandsverlauf,
wiegen achtzig Reiche Milliarden Ärmere auf.

Jedes Motto zum Handeln klingt moralisch gerecht,
das Ergebnis jedoch ist meist grottenschlecht.
Das Motto an sich aber kann nichts dafür,
Grund ist allein die menschliche Gier.

Weltwirtschaftsforum 2019

Es ist schon pikant und grotesk, – doch famos,
wie die Pfarrerstochter, die Marx nur gehört,
auf dem Weltwirtschaftsforum in Davos
den Weltmanagern Marktwirtschaft erklärt.

Deren ständig „unsichtbare Hand“,
die alles zum Besten ordnet und regelt,
erklärte sie locker und nonchalant,
sei weit in das Weltall davongesegelt.

Den Handel und alle Geschäftsinteressen,
die den Markt und die Wirtschaft beleben,
muss man heute nach neuen Kriterien messen,
die allseitigen Vorteil geben.

Für das ICH, das schon immer im Vordergrund stand,
bei allem, was liberal
und heut wieder aufflammt in manchem Land
setzt sie auf das WIR und global.

Die Worte der Bundeskanzlerin
waren gerichtet an jeden. –
Sie hörten zu, viele hatten im Sinn,
wie lange will die wohl noch reden.
Die Kanzlerin doch blieb kämpferisch flott,
wie einst der selige Don Quichotte.

Siehe: A. Merkels Rede, Weltwirtschaftsforum 2019.

Europa 2019

Schaut alle hin,
so weit sind wir gekommen. –
Es werden jetzt schon jene festgenommen
und abgeführt, –
es fehlten nur die Ketten, –
die Menschen
vor dem sicheren Tode retten.

Die Haltung,
Schwächeren zu helfen,
ist in Europa fast schon obsolet.
„Migranten raus,"
tönt ein Geheul von Wölfen,
aus Angst,
dass es dem eignen Rudel schlechter geht.

„Wir schaffen das",
wo ist das noch zu hören?
Voll ausgebremst durch eigene Genossen.
Jedoch der Hass
in allen rechten Chören
tönt laut:
„So was gehört erschossen."

Es ist nicht nur Protest
an Vater Staat,
den bösen Worten
folgte schon die Tat.

(Die Kapitänin der „Sea-Watch 3", Carola Rackete, mit 43 Flüchtlingen an Bord, legt trotz Verbot im Hafen von Lampedusa an und wird von ital. Polizei in Gewahrsam genommen. Kasseler Regierungspräsident Walter Lübcke wird von Rechtsextremist durch Kopfschuss getötet.)

Schachlogik

Die Welt sollte sich ein Beispiel nehmen
am alten königlichen Spiel,
die Herren regieren dort nur als Schemen,
denn nur die Damen sind agil.

Mit einem Schritt in jede Ecke
ist es die Dame, die das Land regiert.
Der König kriecht wie eine Schnecke,
wenn er nicht grade mal rochiert.

Anmutig, voll Elan, entschlossen,
so wie vor Jahren einst Jeanne d'Arc,
stürmt sie voran, trifft unverdrossen
den Gegner immer tief ins Mark.

Sie führt das ganze Regiment
aus Bauern, Läufern samt den Pferden.
Der König dicht am Turm oft pennt
und wünscht sich, nicht gestört zu werden.

Lasst viel mehr Frauen an die Macht,
sie können es und sehr gediegen.
Vielleicht, viel schneller als gedacht,
befreien sie die Welt von Kriegen.

Warum??

Warum nicht zu dem Augenblicke sagen
„verweile doch, du bist so schön“?[1]
Warum nur durch das Leben jagen
von einer Höh zu andren Höhn?

Warum nicht einmal eine Pause,
zum Innehalten, sich Besinnen,
zum Fühlen, hier bin ich zu Hause,
zum Träumen, oder einfach, um zu spinnen.

Auch Stahl, der ständig wird gebogen,
verträgt das auf die Dauer nicht,
hat man es zeitlich überzogen,
stellt man nur fest, auch Eisen bricht.

Warum muss ständig alles steigen
auf Kosten aller Schätze unsrer Erde?
Warum nicht einfach stoppen diesen Reigen,
damit der Kollaps noch verhindert werde?

Wenn Gletscher schmelzen, Meeresspiegel steigen,
das Land vertrocknet, oder unter Wasser steht,
wird das vielleicht den letzten Ignoranten überzeugen,
doch leider ist es dann zu spät.
Es stehen vor den Zäunen schon die Massen,
die Heim und Hab und Gut verloren.
Man streitet vehement, sie reinzulassen,
apokalyptisch dröhnt es in den Ohren.

[1] Siehe: J. W. v. Goethe, „Faust".

Glücksmomente

Glück ist, so wurde öffentlich verkündet,
alles, was man als angenehm empfindet.
Das Glücksgefühl gleicht einer Vibration,
kaum taucht es auf, entschwindet es auch schon.

Zuerst, und oft wird es vergessen,
Glück ist schon, gut zu trinken und zu essen,
dazu noch der Orgasmus bei der Liebe.
Glück ist das Manna aller Selbsterhaltungstriebe.

Glück ist zur Arterhaltung äußerst wichtig,
weil es so unbeständig ist und flüchtig.
Glück währt nie lange, nie für immer,
sonst bliebe man im Bett und ging nicht aus dem Zimmer.

Glück ist wie Wild, man soll es jagen,
nicht träumen, jammern oder klagen,
zielstrebig, von Erfolg gekrönt,
dann wird durch Glück man sehr verwöhnt.

Oft suchen Menschen Möglichkeiten,
die ohne Mühe Glück bereiten,
Konsumrausch, Spielsucht und auch Drogen.
Letztendlich hat man nur sich selbst betrogen.
Ein freundlich Wort schon oder Blick,
entfacht oft Funken voller Glück.
Man sollte immer daran denken,
es macht auch glücklich, Glück zu schenken.

Siehe: Y. N. Harari, „Homo Deus".

Immer

Immer die gleichen Sterne,
die über den Himmel gehn.
Immer der gleiche Frühling
und immer wunderschön.

Immer die gleichen Gefühle,
Ergriffensein, Liebe, Lust.
Immer die gleiche Kühle,
Missgunst, Neid, Hass und Frust.

Immer das gleiche Suchen
nach Glück und Geborgenheit.
Immer ist zu verbuchen,
alles nur immer auf Zeit.

Immer die gleichen Träume
von einer friedlichen Welt.
Immer nur Seifenschäume,
keiner, der länger hält.

Immer ein neues Hoffen
auf einen tieferen Sinn.
Immer bleibt alles offen,
immer ein neuer Beginn.

Deutsches Dilemma

Das Haus,
in dem das Licht der Welt er einst erblickte,
in dem die ersten Schreie er der Welt entgegenschickte,
es existiert nicht mehr.
Die Stelle dort ist leer.
Und auch der Boden, wo das Haus einst stand,
wurde vom Krieg verbrannt,
gehört jetzt einem andren Land.

Das Land,
in dem er wuchs heran,
vom Knaben hin zu einem Mann,
und dem er zeigen wollte, was er kann,
es existiert nicht mehr.
Die Stelle dort ist zwar nicht leer,
hat aber einen andren Namen.
Man sprengte den zu eng geschnürten Rahmen,
worauf dann gleich die Nachbarn kamen,
die wieder an sich nahmen
was, wie sie glaubten, noch ihr Eigen war,
nach über vierzig Jahr.

Der Boden
schwankte ständig unter seinen Füßen,
auch familiäre Bande rissen.
Soll er nun traurig sein, soll er vermissen,
was Sinn einst machte,
doch Bleibendes nicht brachte?

Die Zeit
verrinnt, schleicht seelenlos und kalt.
Er lebt heut abseits, fast im Wald,
atmet gesunde frische Luft
gewürzt mit Blütenduft.
Allein, auch die Idylle scheint vakant,
der Wald, nicht weit entfernt, hat öfter schon gebrannt.

Sparvarianten

In einem verschwundenen Land
waren Aktiengeschäfte ganz unbekannt.
Geldinstitute wurden Sparkassen genannt,
mit drei Prozent Zinsen, über Jahre konstant.

Wenn diese auch nicht sehr üppig waren,
konnte jeder, auch der kleine Mann sparen.
Großes Geld, nur mit Geld, war nicht zu machen
oder sonst irgendwelche krummen Sachen.

Was ist das doch heute für ein Gebaren,
es gibt kaum noch Zinsen seit ein paar Jahren.
Hartz-IV-Leute sollten sich drum nicht erregen,
sondern lieber ihr Geld in Aktien anlegen
wird ihnen von Managern angeraten,
die vergaßen, dass sie niemals kein Geld hatten.

Immer genug, um auch damit zu spielen,
ganz gleich, ob Aktien stiegen und fielen.
Mit Aktiengeschäften wird man schnell reich
und das ziemlich gleich.

Wie Marie Antoinette ihrem Volk einst empfahl,
statt Brot Croissants doch zu nehmen,
zeigt sich heute noch immer die gleiche Moral,
man hat nicht gelernt sich zu schämen.

Wenn für den Armen der Monat endet,
er Portemonnaie und die Taschen wendet
und findet noch einen fünf Euro Schein,
fällt ihm blitzartig ein:
„Das reicht nicht mal für die Aktiengebühr,
dafür leiste ich mir lieber ein Bier“.

Elmsfeuer

Metallene Spitzen mit Potenzial, –
Gleichheit an jedem Punkt,
Elektronen gebunden an Ort und Stelle
in atomarer enger Parzelle,
von oberster Stelle blinkt's:
Spin auszurichten nach links!
Kaum Bewegung, nichts funkt,
beschauliche Ruhe all überall.

Ständig das Gleiche zu ertragen,
ohne über die Stränge zu schlagen,
weckt Gedanken, es zu zerstören,
äußerlich ist noch nichts zu sehen,
nur ein Knistern ist leise zu hören,
das Potenzial scheint sich zu erhöhen.

Zu viel Gleichheit
steigert den inneren Druck.
Wie lang wird die Grenze noch halten?
Bläuliche Fransen, –
ein flackernder Spuk –
züngeln, die Luft zu spalten.

Dann schießt ein leuchtend weißer Kanal
durch alle Widerstände,
als weithin sichtbares Fanal
verkündend allen die Wende:
Elektronen können reisen sofort,
an jede Stelle, an jeden Ort,
keiner zwängt auch mehr ihren Spin
in einen übergeordneten Sinn.

Ihre Gleichheit ging bei dem Durchbruch verloren,
wurde zur Seite geweht,
etwas wie Freiheit wurde geboren
da beides gemeinsam nicht geht.

Kein Märchen

Es war einmal ein Land,
das war nicht reich,
man achtete darauf,
dass alle gleich
und so verdiente auch
ein Facharbeiter in der Industrie
dort fast so viel,
wie ein Professor der Chemie,
man wollte keine Hierarchie. –

Man wollte alles nivellieren,
keiner sollte vom andren profitieren,
verdienen nur aus eigner Kraft,
so wurde Eigentum fast gänzlich abgeschafft,
denn Eigentum, das macht nur egoistisch,
hier produzierte man jetzt sozialistisch.
Als Mensch noch besser als ein Christ,
sollte er sein, der Sozialist,
der die Schwachen und die Kranken nicht vergisst.

Was in dem Land zu tun und was zu lassen wäre,
bestimmten General- und andre Sekretäre,
dagegen, und das war dann wohl der Fluch,
gab es nur mit Gefängnis Widerspruch.
Wirtschaftlich ist man so zurück geblieben
hinter den Egoisten weiter westlich drüben.
Nach vierzig Jahren dann der Ruf erscholl,
„Wir sind das Volk“, haben die Nase voll.
Der Fetisch Freiheit zündete wie nie
zwang mit viel Geld die Gleichheit in die Knie.

Widerspruch

Freiheit, Gleichheit und Brüderlichkeit
waren der Hit in vergangener Zeit,
als in Europa noch in allen Staaten
Aristokraten das Sagen hatten.

Erstrebenswert ist dieses sicherlich,
doch trägt es einen Widerspruch in sich,
denn Freiheit möchte damit glänzen,
frei zu entfalten alle menschlichen Potenzen.

Auch die Potenzen, die Gesetze zu umgehen,
ob illegal oder juristisch schön
und sofort alles zu negieren,
was Vater Staat sozial will regulieren.

Da aber Menschen sich sehr unterscheiden,
sind Differenzen gar nicht zu vermeiden.
Ist jeder frei, seine Potenzen durchzusetzen,
muss das die Gleichheit garantiert verletzen.

Das zeigt auch der Geschichte Lauf,
Freiheit hebt a priori Gleichheit auf.
Von Brüderlichkeit ganz zu schweigen,
aus diesen drei wird nie ein Reigen.

Oasen

Deutsche Einheit konnte in dreißig Jahren
kaum etwas aus dem Osten bewahren.
Von der Treuhand wurde alles verbrannt,
man findet fast nichts aus dem alten Bestand.

Nun stehe ich hier im weichen Sand
am Zinnowitzer Ostseestrand
und es entfährt mir spontan ein Trara,
das Schild „FKK Strand“ steht immer noch da.

Diese Errungenschaft aus dem Osten
ließ man bisher nicht völlig verrosten,
wohl weil sich für den Streifen Sand
noch kein potenter Investor fand
und außerdem, dieses FKK
ist sittenwidrig, bald von selbst nicht mehr da.

Diese kleine Oase, die wirklich befreit,
nicht nur von Hose, T-Shirt und Kleid,
weil man sich völlig nackt offenbart
auch vom Geheimfach, das Schwarzgeld bewahrt.

Wenn auch verkleinert, es steht immer noch da,
das Schild aus dem Osten, bleib da, FKK.

Resonanzkatastrophen

Wer hatte nicht schon das Verlangen
nach reiner Freundschaft, reiner Liebe,
um festzustellen, – schiefgegangen,
das Ende, – traurig und sehr trübe.

Sieht man die Menschen als Materiewellen,
so ist es offensichtlich klar,
dass jedes Mal in solchen Fällen
die Resonanz verschwunden war.

Bei Resonanz fühlt man sich wie auf Wolke sieben,
denn beide Wellen schwingen streng konphas,
wird eine Phase etwas abgetrieben,
folgt Harmonieverlust, Zank, Streit und Hass.

Dann schwingt man weiter durch das Leben,
sucht nach der nächsten Resonanz,
um ihr durch Dämpfung etwas mehr an Halt zu geben, –
ein kleines Hoch nur, ohne Reinheitsglanz.

Denn ungedämpft sind Resonanzen
gefährlicher als Dynamit,
Häuser und Brücken stürzten schon im Ganzen
und rissen viele Menschen mit.

*(Materiewellenlänge = Plancksches Wirkungsquantum
dividiert durch Masse mal Geschwindigkeit)*

Der Augenblick

Es dauert oft nur einen Bruchteil von Sekunden,
wenn Blicke ineinander sich versenken,
dass man sich miteinander fühlt verbunden
und möchte sich dem andren schenken.
Zwei Schmetterlinge, deren Flügelschlag
sich sanft berührt an einem Sonnentag. –

Nur einen Augenblick,
dann macht es klick!
Man ist zurück. –

Und doch verbleibt ein kleiner Funken Glück:
Die Illusion,
dass man für einen Bruchteil von Sekunden
den einzig Richtigen in dieser Welt gefunden.

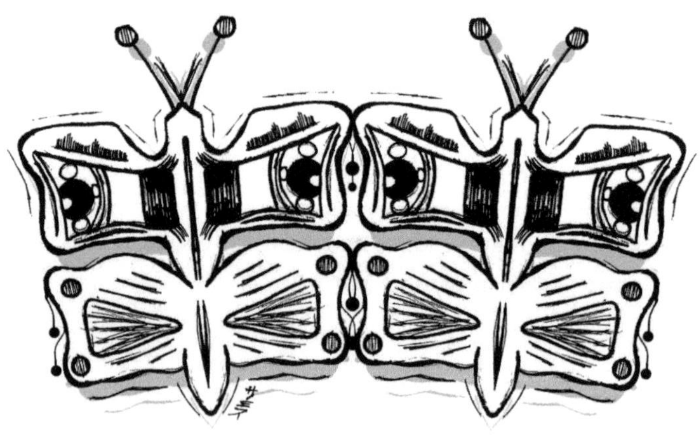

Smoothieträume

Wenn ich zu weit entfernt bin,
um mit dir zu schmusen,
schick ich dir ein paar
schöne Pampelmusen.
Hol einen Mixer dir und tu sie
hinein für einen wunderschönen Smoothie.

Wenn ihre Säfte dann im Munde schäumen,
kannst du ganz angenehm entspannt dann träumen,
denn, wenn der Pampel ist verdaut,
kribbelt es wohlig auf der Haut,
da nun die freigesetzten Musen
dich streicheln von den Zehen bis zum Busen.

Sie werden deine Träume zu mir lenken,
weil ich es wagte, Pampelmusen dir zu schenken.
Mit etwas Fantasie und esoterischem Gespür
bin ich dann gar nicht fort, ich bin bei dir.

Konkret und Abstrakt

Schön, dass du da bist, –
Konkret und abstrakt,
es ist wie es ist,
also häufig auch Fakt,
dass du nicht an Bord,
sondern weit fort. –
Seelisch bleibt der Kontakt,
doch nur eben abstrakt.

Viel lieber wär mir,
ich könnte dich hier
fühlen und spüren
und dich verführen.

Nun sag nicht gleich nein,
denn ich meinte zum Wein
und zu vielem andern,
zum Beispiel zum Wandern
und nicht zu vergessen,
auch mal zum Essen,
kurzum zum Genuss,
kein Sollen, kein Muss.

Von morgens bis spät,
das wäre konkret!

Der Cellist

Wenn du dich anschmiegst,
fest an meine Knie
und lässt mich
zart in deine Saiten greifen,
mit meinem Bogen
rhythmisch sanft sie streifen,
ertönt die wundersamste Melodie
einschmeichelnd voller Harmonie.

Sie offenbart
das unaussprechlich Schöne
in dem Vibrato
dieser hingehauchten Töne
und dem Crescendo,
das durch Mark und Seele schwingt,
bis beim Furioso eine Saite springt
und nichts mehr klingt.

Siehe: E. Kästner, „Abendlied des Kammervirtuosen".

Fels und Brandung

Einst war er mal der Fels
in ihrer Lebensbrandung,
der beste Findling,
den sie je gefunden.
Entsprechend sanft
war die Behandlung,
um scharfe Kanten abzurunden,
wenn das Gefühlsmeer
leis sich wiegte
und zärtlich sich
an diesen Felsen schmiegte.

Doch in den Zeiten,
die seitdem verflossen,
hat sich so manche Sturmflut
über ihn ergossen,
mit scharfen Zähnen
wurde oft an ihm genagt
und Gischtfontänen
über ihn gejagt.

Was ist von diesem Fels geblieben, –
nur Reste, oder wurde er zerrieben,
weil in der Brandung
oft viel Sand
sich in der Gischt befand? –

Wie durch ein Wunder
hält er stand,
doch wird er wohl
bei diesem Treiben
als Fels nicht lang
erhalten bleiben. –
Wo er einst stand, da wäre
nur dunkle, kalte Leere.

Sonntagmorgen

Gerade ist er aufgewacht,
weil ihn die Sonne angelacht. –

Sie schläft entspannt noch in den Kissen,
sein Blick streift über sie
vom Kopf bis hin zu ihren Füßen,
auf halbem Wege bleibt er stehen,
um sich die Landschaft anzusehen,
mit Senken und mit sanften Höhen.

Wenn er die Hügel zart berührt,
er tief im Inneren dann spürt,
es zieht ihn machtvoll in das Tal,
wie einst Odysseus hin zu den Sirenen
mit ihren zauberhaften Tönen,
fühlt er sich hingezogen
wo die Gefühle wogen
und brandend sich ergießen,
um lustvoll zu genießen
jedes Mal.

Normalos

Sie waren nicht Königskinder
und hatten sich auch nicht so lieb,
er mochte sie mehr oder minder
und hatte, was sie zu ihm trieb.

Sie zogen einfach zusammen,
ohne Trauschein und Konvention
im selbst gebastelten Rahmen,
entgegen der Tradition.

Sie haben sehr oft gestritten,
ihre Ansichten lagen meist quer,
darunter hat jeder gelitten,
einer minder, der andere mehr.

So lief es mehrere Jahre,
sie passten sich irgendwie an,
es war nicht das Wunderbare,
doch blieben sie ein Gespann.

Chorprobe

Wenn die Sensoren meiner Haut
die Ode an die Freude singen,
weil deine Hand sich wieder traut
in abgeschirmte Areale vorzudringen,
bin ich ganz still und höre
den schönsten aller Jubelchöre.

Du

Du möchtest gerne, dass mit Worten ich beschreibe
was du für mich bist,
weil Sprache den Verstand antreibe
und Denken einzigartig, menschlich ist.

„Du bist für mich …“
und schon komm ich ins Stocken,
denn die Gedanken spielen,
sie fließen und verlocken
dich zu umarmen, dich zu fühlen.
Jetzt gleich, an Ort und Stell, –
drum setze fort ich schnell
„… nicht irgendein Gedankenspiel,
nur wunderbares Glücksgefühl,
wie sanftes Frühlingsrauschen
mit ahnungsvollem Lauschen
das würde nur verblassen,
will man es wörtlich fassen“.

Auch wenn ich wenig Worte nur verwende,
glaub mir, ich lieb dich ohne Ende
raumzeitlich und emotional,
somit gleich fünfdimensional.

Ambivalenz

Dehnen der Sehnen
hilft Schmerz zu vertreiben.
Sehnen beim Dehnen
wird trotzdem bleiben.

Fehlversuch

Wer einen zu langen Anlauf nimmt,
verfehlt oft das Sprungbrett.

Irrwege

SUCHENDE ohne Ziel
sind Treibholz im Spiel
finsterer Kräfte
und berauschender Säfte.
Sucht man nur Spaß,
passiert's häufig, dass
man sich wundert
wie schnell
man dann kriminell,
oder sinnlos vergammelt,
rülpsend Worte nur stammelt,
oder landet mit Drogen
unterm Brückenbogen.

Leere

Leere ist sehr schlecht zu fassen,
wo Nichts ist, ist auch kein Halt.
Sich auf Leere einzulassen,
ist riskant, sie ist eiskalt.

Der Abi-Philosoph

Als er sein Abitur bestanden,
fand er, es wäre optimal,
zu lösen sich von familiären Banden
und selbst zu nutzen jetzt sein Potenzial.

Er hatte philosophisch sich belesen,
das ganze Leben hätte keinen Sinn.
Für ihn sei Schule letzte Pflicht gewesen,
Konditionierung auf sozial sei kein Gewinn.

Er fühle eine große Leere
und nur Verantwortung für sich,
nicht für die Anderen, das wäre
auf seinem Lebenswege hinderlich.

Pflicht sei ein lebensfeindliches Konzept
wie jede andere soziale Norm,
die buckelnd man durchs Leben schleppt,
damit ging er nie mehr konform.

So seiner Weisheit letzter Schluss, –
doch dieser Schuss
traf nicht ins Schwarze,
jetzt lebt er lange schon von Hartze,
pardon Hartz-IV
avec plaisir.

Der Aussteiger

Er wollte seinen Mann nicht stehen
und solche Wege nicht begehen:
Arbeit, Verantwortung, mit Pflichten.

Er liebte es herumzulaufen,
sich Lebenssinn vom Zufall zu erkaufen,
Reisen und andere Geschichten.

Er hoffte auf der Musen Kuss,
auf den poetischen Erguss
mit zündenden Gedichten.

Die sollten ihm sein Leben sichern,
jedoch die Musen mussten kichern,
der Kuss, er kam mitnichten.

Zu spät

Kein Kind kann seinen Eltern geben,
was diese gaben für sein Leben.
Doch manchmal fällt es ihnen ein,
ein Bruchteil sollte es schon sein. –
Wenn dann die Lebensuhr schon steht, –
zu spät!

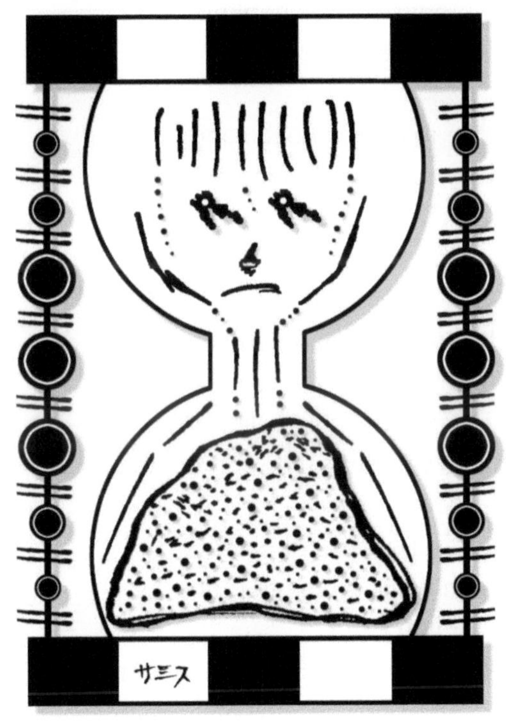

Möchtegerne

Man möchte manchmal noch mit achtzig
es so wie einst im Leben treiben,
in den Gelenken jedoch macht sich
der Schmerz dann breit, man lässt es bleiben.

Man möchte sich noch mal versenken
in dieses körperliche Spiel,
sich miteinander zu beschenken,
von Kopf bis Zehen nur Gefühl.

Man möchte manches noch so gerne,
was früher antrieb und erregte
und heut noch blinkt aus weiter Ferne,
obwohl es sich zur Ruhe legte.

So manches musste man vergessen,
und das tat innerlich oft weh,
doch oft ist man noch so vermessen,
fährt mit den Skiern durch den Schnee.

Spielt mit den Enkeln Volleyball
und was sich sonst so mag ergeben,
verlieren, siegen ist egal,
spielend hat man noch Spaß am Leben.

Ü 80

Sie stehn an der Platte und schaun sich groß an,
sie haben vergessen, wer ist denn jetzt dran.
Es wird eine Weile nur diskutiert,
denn sie waren zu sehr auf den Ball fokussiert.
Auf den kleinen weißen aus Celluloid,
der immer noch ihre Herzen erfreut,
eine innere Freude, die niemals verblasste,
obwohl jetzt die Bälle nur noch aus Plaste.

Zweimal in der Woche von nah und von fern,
treffen sich in der Halle diese älteren Herrn.
Zum Tischtennis-Doppel reicht noch ihre Kraft
für etwa zwei Stunden, dann ist man geschafft.

Es wurde geschmettert, geblockt und geschupft,
man wunderte sich, wo der Ball so hin hupft. –
Viel Spin, mit Schwung in den Ball geschnitten,
gelästert, geflucht, auch manchmal gestritten,
ob der Aufschlag korrekt oder auf falscher Wiese,
doch stets mit Humor und niemals fiese.

Perlt auf der Stirn auch manch Tropfen Schweiß,
will man dem Gegner nichts schenken,
zwar zählt nicht gewinnen um jeden Preis,
nur die Freude am Bälle versenken.
Wenn die Muskeln auch schmerzen,
nach diesen zwei Stunden
fühlten sie sich der Zeit ihrer Jugend verbunden
und hatten Bewegung, übten Konzentration,
zeigten trotz hohem Alter enorm Reaktion.

Jeder nimmt sich auch Zeit für eine Pause,
und denkt schon ans nächste Mal
auf dem Wege nach Hause,
selbst Hitze und Kälte machen nichts aus,
wenn der Trainingstag naht, hält sie nichts zu Haus.

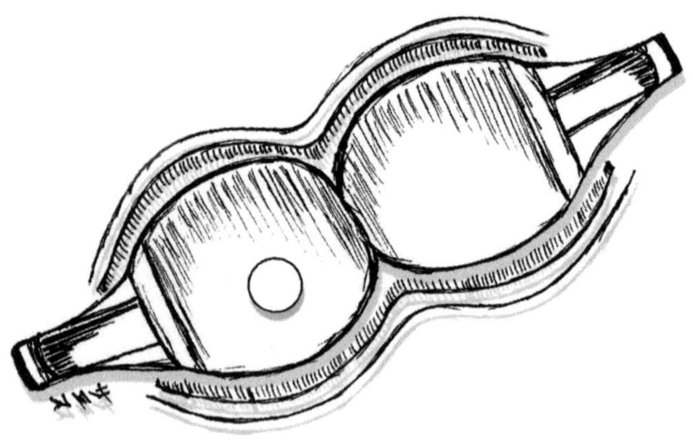

Nachtwanderers Klagelied

Über zwei Stunden hattest du Ruh,
in deinem Inneren spürest du,
verschlafen und noch unbewusst,
dass du mal musst.

Du suchst das Ganze zu verdrängen
und bleibst noch eine Zeit lang liegen,
mit "Ich will weiter schlafen"-Zwängen,
doch ohne Chance, dabei zu siegen.

Bis du dich endlich doch erhebst,
ganz langsam deine Glieder streckst
und leise zur Toilette schwebst
damit du deine Frau nicht weckst.

Sitzt du entspannt auf dem Abort
und möchtest lustvoll dich entleeren,
spürst du, der Druck ist plötzlich fort,
ein leichtes Tröpfeln nur zu hören.

So ungefähr nach zehn Minuten
endet dann diese Prozedur,
du kannst erleichtert alles fluten
und froh beenden den Parcours, –
um ihn nach weiteren zwei Stunden
erneut dann wieder zu umrunden.

Fantasie

Die Fantasie
sie altert nie,
sie flattert noch
im hohen Alter
voll ungebremster Schaffenskraft,
so wie ein sonnentrunkner Falter,
von Blüte hin zu Blüte,
der Körper stöhnt,
du meine Güte,
ich hätte eine nicht geschafft,
vergebens Zeit und Müh,
gib Ruhe Fantasie,
rien ne va plus.

Wartezimmerimpressionen

Ist die Physis nicht intakt,
hilft der Hausarzt, das ist Fakt.
Den Termin erhofft man schon
sich sehr schnell per Telefon,
doch die Nummer bleibt besetzt,
weshalb man selbst zum Doktor hetzt.

An der Anmeldung im Gange
steht dann eine lange Schlange,
die schon früher ist gestartet
und auch auf den Doktor wartet.

Also landet man wie immer
wieder in dem Wartezimmer,
wo sich tausende Mikroben
lustvoll in der Luft austoben,
die durch Husten, Schniefen, Schnupfen
dort aus den Patienten hupfen.

Nach gefühlter Ewigkeit
ist es irgendwann so weit,
dass der Doktor sich anhört,
was so den Patienten stört.

Aus diffusen Leibbeschwerden
muss er schlau erst einmal werden,
wo es zieht, kneift oder zwickt,
eh er Diagnosen strickt,
die im meisten Fall der Fälle
dann auch helfen auf der Stelle.

Psychisch wird man dann gewöhnlich
eingeparkt schnell auf versöhnlich. –
Doch die ganze Prozedur
hinterlässt oft eine Spur
in der Galle, die getrübt
sich dann etwas übergibt
und im Blutdruck, der ergrimmt
sich auf hundertachtzig trimmt.

Coronarisches

Es waren stets dieselben Damen,
die hier zum Kaffeekränzchen kamen,
um über dies und jenes mal zu plauschen,
oder den Anderen zu lauschen,
womit sich jeder so befasst. –
Sie dachten nicht an diesen ungeladenen Gast.

Das Virus saß, ganz unerkannt,
unsichtbar auf dem Tassenrand,
rings um es her lag in der Luft
aromaschwer der Kaffeeduft,
bis eine Hand die Tasse hob
und sie in einen Mund reinschob.

Das Virus nutzte diese Phase
und sprang gezielt und elegant
in eins der Löcher einer Nase,
die dicht am Munde sich befand.
Es merkte gleich der Ort hat Charme,
es ist hier wohlig, feucht und warm
und ließ durch nichts sich dabei stören,
sich schnell und zügig zu vermehren.

Schon als die nächste Tasse angepriesen,
musste besagte Nase niesen.
Es flogen aus der Nase und dem Munde
tausende Viren in die Runde,
sie brachten allen Gästen frohe Kunde,
jetzt sind wir auch mit euch im Bunde.

Der Kaffee landete mit Schwung,
dank niesender Erschütterung,
auf einer blütenweißen Bluse. –
Der Aufschrei schreckte sehr die Muse.
Sie floh entsetzt durch Raum und Wände, –
– darum ist hier der Reim zu Ende,
jedoch die Virusinfektion
wurde pandemisch sehr bald schon
für die humane Spezies
und alle Aktienindizes.

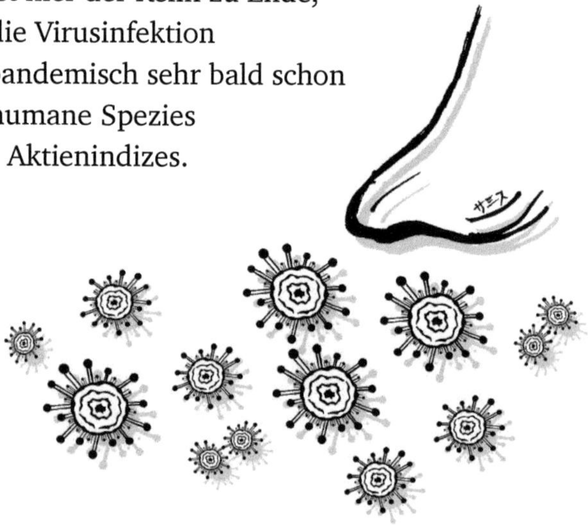

Farbiges

Alle Farben in der bunten Natur
sind Bruchteile unseres Sonnenlichts nur,
das enthält, wie uns ein Prisma verrät
alle Farben vom Rot bis zum Violett.

Vom Ultraviolett ist allen bekannt,
bekommt man schnell einen Sonnenbrand.
Jenseits des Roten wird es nur heiß,
vergebens sucht man die Farbe Weiß.

Weiß gibt es nur, wenn sich bunte Flecken
additiv übereinander decken.
Logischerweise leuchtet dann ein,
auch ein Weißer muss ein Farbiger sein.

Freudsches Dilemma

Ich liege hingebungsvoll in der Sonne
und empfinde tiefenentspannt voller Wonne
ihre belebende Wärme. –

Mein Gehirn und auch meine Därme
werden dadurch sehr aktiviert,
was mein ICH dann gleichzeitig registriert.

Das ÜBER-ICH schwebt in höheren Sphären,
mein ES kündigt an, sich alsbald zu leeren. –
Dieser Zustand an sich ist fürchterlich.

Ich bin ein völlig zerrissenes ICH,
denn ich muss mich entscheiden
für eines von beiden

und das möglichst schnell,
was das ES einfordert
ist sehr substanziell.

Fast immer, wenn sich die beiden bekriegen,
wird am Ende das ES doch wieder siegen.

Stillos

Ich bin kein Snob,
ich bin kein Beau
und auch kein Herr
von So und so.
Ich lebe völlig ohne Stil
und folge nur meinem Gefühl.

Urknallerei

Wer sich noch wundert, wie so etwas geht,
und aus dem Nichts das Weltall entsteht,
erinnere sich, was dann passiert,
wenn man eine Zahl durch Null dividiert.

Durch Null, das Nichts in der Realität,
wird durch Division alles so aufgebläht,
dass plötzlich unendlich Großes entsteht.

Dieses Prozedere, ähnlich zwar nur,
wiederholt sich auch ständig in der Natur.
Samen, kaum sichtbar, nur winzig klein,
wachsen bis in den Himmel hinein.

Es scheint das Prinzip der Entwicklung zu sein,
alles was groß ist, war auch mal klein
und wie am Anfang dieses Gedichts,
manchmal auch Nichts.

Pech

Historisch landete manch Denker
des Öfteren schon mal beim Henker,
nur weil sein Denken exzessiv
dem Zeitenstrom entgegen lief.

Weihnacht 2020

Früher hat zur Weihnachtszeit
es fast immer auch geschneit,
Flockentanz und Fantasie
formten sich zu Empathie,
mitzufühlen und zu lieben. -
Wo ist nur der Schnee geblieben???
Dass die Flocken kaum noch fliegen,
kann nicht an Corona liegen.

Abgesang

Im eisig kalten Weltenall
umkreist der kleine Erdenball
den Stern, der uns die Wärme sendet
und zwar so haargenau dosiert,
dass Wunderbares dort passiert,
und Wärme Leben spendet.

Ob dieses Wunder noch einmal
dann irgendwo im Weltenall
sich wiederholte, keiner weiß,
mal ist's zu kalt und mal zu heiß.

Es kommt aufs Quantum Wärme an,
ob Leben sich entfalten kann,
im All sind nur sehr schmal die Streifen,
in denen Leben könnte reifen.

Es reifte lange, Schritt für Schritt,
bis auch der Mensch darin auftritt.
Sehr bunt und farbig war die Welt,
in die er einst hineingestellt,
jedoch sein emsiges Bestreben
wirkt stark sich aus auf dieses Leben.

In siebzig Jahren brauchte er
viel mehr an Energie,
als in den Tausenden vorher,
wobei er zusätzlich ausspie,
einfach nur so, ganz nebenbei,
zig Gigatonnen CO_2
in seine Atmosphäre
als ob ein Nichts dies wäre.

Die wilde Jagd nach den Profiten
hat jetzt das Quantum überschritten,
man muss den Menschen neu erfinden,
um seine Gier zu überwinden.
Temperaturen steigen,
wie Messungen es zeigen.

Der Streifen Leben, er wird schmaler,
der Globus brennt, wird immer kahler.
Bald wird es für das Leben
hier keinen Platz mehr geben,
bevor die Sonne implodiert,
hat er das Leben ausradiert.